D. Martinus Luther / Eine einfältige Weise zu beten

D. Martinus Luther

Eine einfältige Weise zu beten

Für einen guten Freund

1535

Quell Verlag
Stuttgart

Wie man beten soll

Für

Meister Peter Balbierer

Lieber Meister Peter, ich geb's Euch so gut, als ich's habe, und wie ich selber mich mit Beten halte. Unser Herr Gott geb' es Euch und jedermann besser zu machen. Amen.

Erstlich, wenn ich fühle, daß ich durch fremde Geschäft oder Gedanken bin kalt und unlüstig zu beten worden, wie denn das Fleisch und der Teufel allwege das Gebet wehren und hindern, nehme ich mein Psälterlein, laufe in die Kammer oder, so es der Tag und Zeit ist, in die Kirche zum Haufen und hebe an, die Zehen Gebot, den Glauben und, darnach ich Zeit habe, etliche

Sprüche Christi, Pauli oder Psalmen mündlich bei mir selbs zu sprechen, allerding wie die Kinder tun.

Darum ist's gut, daß man frühmorgens lasse das Gebet das erste und des Abends das letzte Werk sein und hüte sich mit Fleiß vor diesen falschen, betrüglichen Gedanken, die da sagen: Harre ein wenig, über eine Stunde will ich beten, ich muß dies oder das zuvor fertigen; denn mit solchen Gedanken kommt man vom Gebet in die Geschäfte, die halten und umfangen denn einen, daß aus dem Gebet des Tages nichts wird.

Und wiewohl etliche Werk vorfallen können, die so gut oder besser denn das Gebet sind, sonderlich wenn sie die Not fordert, also gehet ein Spruch unter Sanct Hieronymi Namen: »Alle Werk der Gläubigen ist Gebet«, und ein Sprichwort: »Wer treulich arbeitet, der betet zwiefältig«, welchs muß aus diesem Grunde geredt sein, daß ein gläubiger Mensch in seiner Arbeit Gott fürchtet und ehret und an sein Gebot denkt, damit er niemand Unrecht tun noch stehlen oder übernehmen oder veruntreuen wölle; und solche Gedanken und Glauben machen ohn' Zweifel aus seinem Werk ein Gebet und Lobopfer dazu.

Wiederum muß dagegen auch die Wahrheit sein, daß eins Ungläubigen Werk eitel Fluchen sei, und wer untreulich arbeitet, der fluchet zwiefältig. Denn seines Herzens Gedanken müssen in seiner Arbeit also stehen, daß er Gott verachte und sein Gebot übertreten und seinem Nächsten Unrecht zu tun, stehlen und veruntreuen gedenke. Solche Gedanken, was sind's anders denn eitel Flüche wider Gott und den Menschen, dadurch sein Werk und Arbeit auch zwiefältiger Fluch wird? Damit er sich selbs verflucht, und das bleiben auch endlich Bettler und Hümpler. Von diesem stetigen Gebet sagt freilich Christus Lucae am elften: Man soll ohn' Unterlaß beten, denn man soll ohn' Unterlaß sich vor Sünden und Unrecht hüten, welchs nicht kann geschehen, wo man Gott nicht fürchtet und sein Gebot vor Augen hat, wie Psalm 1 sagt: »Wohl dem, der Tag und Nacht denkt an Gottes Gebot« etc.

Doch muß man auch drauf sehen, daß wir nicht uns vom rechten Gebet gewöhnen und deuten uns zuletzt selbs nötige Werk, die es doch nicht sind, und werden dadurch zuletzt laß und faul, kalt und überdrüssig zum Gebet. Denn der Teufel ist nicht faul noch laß um uns her, so ist unser Fleisch noch allzu lebendig und frisch zur Sünden und wider den Geist des Gebets geneigt.

Wenn nu das Herz durch solch mündlich Gespräch erwärmt und zu sich selbs kommen ist, so knie nieder oder stehe mit gefalteten Händen und Augen gen Himmel und sprich oder denke aufs kürzest du kannst:

Ach himmlischer Vater, du lieber Gott, ich bin ein unwürdiger, armer Sünder, nicht wert, daß ich meine Augen oder Hände gegen dich aufhebe oder bete. Aber weil du uns allen geboten hast zu beten und dazu auch

Ein einfeltige weise zu beten/ fur einen guten freund.

D. Mart. Luth.

Leipzig.

Erhörung verheißen und überdies selbs uns beide, Wort und Weise, gelehrt durch deinen lieben Sohn, unsern Herrn Jesum Christ, so komm ich auf solch dein Gebot, dir gehorsam zu sein, und verlasse mich auf deine gnädige Verheißung, und im Namen meins Herrn Jesu Christi bete ich mit allen deinen heiligen Christen auf Erden, wie er mich gelehret hat:

»Vater unser, der du bist« etc., ganz aus von Wort zu Wort.

Darnach wiederhole ein Stück oder wieviel du willst, nämlich die erste Bitte: »Geheiliget werde dein Name«, und sprich: Ach ja, Herr Gott, lieber Vater, heilige doch deinen Namen, beide, in uns selbs und in aller Welt, zerstöre und vertilge die Greuel, Abgötterei und Ketzerei des Türken, des Papsts und aller falschen Lehrer oder Rottengeister, die deinen Namen fälschlich führen und so schändlich mißbrauchen und greulich lästern, sagen und rühmen, es sei dein Wort und der Kirche Gebot, so es doch des Teufels Lügen und Trügerei ist, damit sie unter deinem Namen so viel armer Seelen jämmerlich verführen in der ganzen Welt und darüber auch töten, unschuldig Blut vergießen und verfolgen, meinen dir damit einen Gottsdienst zu tun.

Lieber Herr Gott, hie bekehre und wehre. Bekehre die, so noch sollen bekehret werden, daß sie mit uns und wir mit ihnen deinen Namen heiligen und preisen, beide, mit rechter, reiner Lehre und gutem, heiligem Leben; wehre aber denen, die sich nicht bekehren wöllen, daß sie aufhören müssen, deinen heiligen Namen zu mißbrauchen, schänden und entehren und die armen Leute zu verführen. Amen.

Die ander Bitte:

»Dein Reich komme«, und sprich: Ach lieber Herr Gott Vater, du siehest, wie nicht allein der Welt Weisheit und Vernunft deinen Namen schändet und deine Ehre der Lügen und dem Teufel gibt, sondern alle ihr Gewalt, Macht, Reichtum und Ehre, die du auf Erden ihnen gegeben hast, weltlich zu regiern und dir damit zu dienen, wider dein Reich setzt und strebt. Sie sind groß, mächtig und viel, dick, fett und satt und plagen, hindern, verstören den geringen Haufen deines Reichs, die schwach, veracht' und wenig sind, wöllen sie auf Erden nicht leiden, meinen gleichwohl damit dir einen großen Gottesdienst zu tun. Lieber Herr Gott Vater, hie bekehre und wehre. Bekehre die, so noch sollen Kinder und Glieder deines Reichs werden, daß sie mit uns und wir mit ihnen dir in deinem Reich in rechtem Glauben und wahrhaftiger Liebe dienen und aus diesem angefangenen Reich in das ewige Reich kommen; wehre aber denen, so ihre Macht und Vermögen nicht wöllen abkehren lassen von deines Reichs Verstörung, daß sie vom Stuhl gestorzt und gedemütigt ablassen müssen. Amen.

Die dritte Bitte:

»Dein Wille geschehe wie im Himmel, also auch auf Erden«, und sprich: Ach lieber Herr Gott Vater, du weißest, wie die Welt, wo sie nicht kann deinen Namen ganz zunichtmachen und dein Reich ganz vertilgen, so gehen sie doch Tag und Nacht mit bösen Tücken und Stücken um, treiben viel Ränk' und seltsamer Anschläge, halten Rat, raunen zusammen, trösten und stärken sich, dräuen und sprühen, gehen voll alles bösen Willens wider deinen Namen, Wort, Reich und Kinder, wie sie dieselben umbringen. Darum, lieber Herr Gott Vater, bekehre und wehre. Bekehre, die deinen guten Willen noch erkennen sollen, daß sie mit uns und wir mit ihnen deinem Willen gehorsam sein und darüber alles Übel, Kreuz und Widerwärtigkeit gern, geduldig und fröhlich leiden und deinen gütigen, gnädigen, vollkommnen Willen hierin erkennen, prüfen und erfahren; wehre aber denen, so von ihrem Wüten, Toben, Hassen, Dräuen und bösen Willen, Schaden zu tun, nicht ablassen wöllen, und mache ihren Rat, böse Anschläge und Praktiken zunicht und zuschanden, daß über sie selbs ausgehe, wie Psalm 7 singet. Amen.

Die vierte Bitte:

»Unser täglich Brot gib uns heute«, und sprich: Ach lieber Herr Gott Vater, gib auch deinen Segen in diesem zeitlichen, leiblichen Leben, gib uns gnädiglich den lieben Frieden, behüt uns vor Krieg und Unfrieden, gib unserm lieben Herrn Kaiser Glück und Heil wider seine Feinde, gib ihm Weisheit und Verstand, daß er sein irdisch Reich ruhiglich und glückseliglich regiere. Gib allen Königen, Fürsten und Herrn guten Rat und Willen, ihre Land und Leute in Stille und gutem Recht zu erhalten; sonderlich hilf und leite unsern lieben Landsherrn N., unter des Schutz und Schirm du uns bewahrest, daß er, vor allem Übel behüt', vor falschen Zungen und untreuen Leuten sicher, seliglich regiere. Gib allen Untertanen Gnade, treulich zu dienen und gehorsam zu sein. Gib allen Ständen, Bürgern und Bauern, daß sie fromm werden und einander Liebe und Treu erzeigen. Gib gnädigs Wetter und Früchte der Erden. Befehl dir auch Haus, Hof, Weib und Kind; hilf, daß ich sie wohl regiere und christlich ernähren und erziehen möge. Wehre und steure dem Verderber und allen bösen Engeln, die hierin Schaden und Hindernis tun. Amen.

Die fünft Bitte:

»Vergib uns unser Schuld, als wir vergeben unsern Schuldigern«, und sprich: Ach lieber Herr Gott Vater, gehe nicht mit uns ins Gericht, denn vor dir ist kein lebendig Mensch gerecht. Ach rechne uns auch nicht zur Sünde, daß wir leider so undankbar sind für alle deine unaussprechliche Wohltat, geistlich und leiblich, und daß wir täglich vielmal straucheln und sündigen, mehr denn wir wissen und merken können [Psalm 19]. Aber siehe du nicht an, wie fromm oder böse wir sind, sondern deine grundlose Barmherzigkeit, in Christo, deinem lieben Sohn, uns geschenkt. Vergib auch allen unsern Feinden und allen, die uns Leid oder Unrecht tun, wie auch wir ihnen von Herzen vergeben; denn sie tun ihn' selbs damit das größeste Leid, daß sie dich an uns erzürnen, und uns mit ihrem Verderben nichts geholfen ist, sondern sie viel lieber mit uns wollten selig sehen. Amen.

Und wer hie sich fühlet, daß er nicht wohl vergeben kann, der mag um Gnade bitten, daß er vergeben könne. Aber das gehöret in die Predigt.

Die sechste Bitte:

»Und führe uns nicht in Versuchunge«, und sprich: Ach lieber Herr Gott Vater, erhalte uns wacker und frisch, hitzig und fleißig in deinem Wort und Dienst, daß wir nicht sicher, faul und träge werden, als hätten wir's nu alles, damit uns der grimmige Teufel nicht erschleiche und übereile und nehme uns wieder dein liebes Wort oder richte Zwietracht und Rotten unter uns an oder führe uns sonst in Sünde und Schande, beide, geistlich und leiblich, sondern gib uns durch deinen Geist Weisheit und Kraft, daß wir ihm ritterlich widerstehen und den Sieg behalten. Amen.

Die siebent Bitte:

»Sondern erlöse uns von dem Bösen«, und sprich: Ach lieber Herr Gott Vater, es ist doch dieses elende Leben so voll Jammers und Unglücks, so voll Fährlichkeit und Unsicherheit, so voll Untreu und Bosheit [wie Sanct Paulus sagt: »Die Tage sind böse«], daß wir billig des Lebens müde und des Todes begierig sein sollten. Aber du, lieber Vater, kennest unser Schwachheit. Darum hilf uns durch solch manchfältig Übel und Bosheit sicher fahren, und, wenn die Zeit kommt, gib uns ein gnädiges Stündlein und seligen Abschied von diesem Jammertal, daß wir vor dem Tod nicht erschrekken noch verzagen, sondern mit festem Glauben unser Seelen in deine Hände befehlen. Amen.

Zuletzt merk, daß du mußt das Amen allewege stark machen und nicht zweifeln, Gott höre dir zu gewißlich mit allen Gnaden und sage ja zu deinem Gebet. Und denke ja, daß du nicht alleine da kniest und stehest, sondern die ganze Christenheit oder alle fromme Christen bei dir und du unter ihnen in einmütigem, einträchtigem Gebet, welchs Gott nicht verachten kann. Und gehe nicht vom Gebet, du habest denn gesagt oder gedacht: Wohlan, dies Gebet ist bei Gott erhöret, das weiß ich gewiß und fürwahr; das heißt Amen.

Auch sollst du wissen, daß ich nicht will diese Wort alle im Gebet gesprochen haben, denn da würde doch zuletzt ein Geplapper und eitel ledig Gewäsch draus, aus dem Buch oder Buchstaben dahergelesen, wie die Rosenkränze bei den Laien und die Gebet der Pfaffen und Mönche gewest sind; sondern ich will das Herz damit gereizt und unterricht' haben, was es für Gedanken im Vaterunser fassen soll. Solche Gedanken aber kann das Herz [wenn's recht erwärmet und zu beten lüstig ist] wohl mit viel andern Worten, auch wohl mit weniger oder mehr Worten aussprechen. Denn ich auch selber mich an solche Wort und Silben nicht binde, sondern heute so, morgen sonst die Wort spreche, darnach ich warm und lüstig bin; bleibe doch, so nahe ich immer kann, gleichwohl bei denselben Gedanken und Sinn. Kommt wohl oft, daß ich in einem Stücke oder Bitte in so reiche Gedanken spazieren komme, daß ich die andern sechse lasse alle anstehen. Und wenn auch solche reiche, gute Gedanken kommen, so soll man die andern Gebete fahren lassen und solchen Gedanken

Raum geben und mit Stille zuhören und beileibe nicht hindern; denn da predigt der Heilige Geist selber, und seiner Predigt ein Wort ist besser denn unsrer Gebet tausend. Und ich hab auch also oft mehr gelernet in einem Gebet, als ich aus viel Lesen und Dichten hätte kriegen können.

Darum liegt die größeste Macht daran, daß sich das Herz zum Gebete ledig und lüstig mache. Wie auch der Prediger sagt: »Bereite dein Herz vor dem Gebete, auf daß du nicht Gotte versuchest.« Was ist's anders denn Gott versuchen, wenn das Maul plappert und das Herz anderswo zerstreuet ist? Wie jener Pfaff betet' auf die Weise: Deus, in adiutorium meum intende — Knecht, hast du angespannen? — Domine, ad adiuvandum me festina — Magd, gehe, milke die Kuh! — Gloria patri et filio et spiritui sancto — Lauf, Bube, daß dich der Ritt schütte! etc. Welcher Gebete ich mein Tag im Papsttum viel gehöret und erfahren habe, und sind fast alle ihr Gebet der Art. Damit wird Gottes nur gespottet, und wäre besser, sie spieleten dafür, wenn sie ja nicht Bessers tun könnten oder wollten; denn ich hab selbs solcher horas canonicas mein Tage viel gebet' — leider —, daß der Psalm oder Gezeit aus war, ehe ich gewahr ward, ob ich angefangen oder im Mittel wäre.

Und wiewohl sie nicht alle so herausfahren mündlich wie obgenannter Pfaff, die Geschäft und Gebet unternanderwerfen, so tun sie doch im Herzen mit den Gedanken also, werfen das Hundert ins Tausend, und wenn's aus ist, wissen sie nicht, was sie gemacht oder wo sie herdurchkommen sind, heben an »Laudate«, flugs sind sie im Schlaraffenland, daß ich's dafür halte, es sollt kein lächerlicher Gaukelspiel jemand vorkommen mögen, denn so er sehen möcht die Gedanken, so ein kalt, unandächtig Herz im Gebet unternandertreibt. Aber nu sehe ich, gottlob, wohl, daß nicht fein gebet' ist, so einer vergisset, was er geredt hat. Denn ein recht Gebet gedenkt gar fein aller Wort und Gedanken von Anfang bis zu Ende des Gebets.

Gleich als ein guter, fleißiger Balbierer muß seine Gedanken, Sinn und Augen gar genau auf das Schermesser und auf die Haar richten und nicht vergessen, wo er sei im Strich oder Schnitt; wo er aber zugleich will viel plaudern oder anderswohin denken oder gucken, sollt er wohl einem Maul und Nasen, die Kehle dazu abschneiden. Also gar will ein jeglich Ding, so es wohl gemacht soll werden, den Menschen ganz haben mit allen Sinnen und Gliedern, wie man spricht: »Pluribus intentus minor est ad singula sensus«, »Wer mancherlei denkt, der denkt nichts, macht auch nichts Guts«. Wieviel mehr will das Gebet das Herz einig, ganz und allein haben, soll's anders ein gut Gebet sein.

Das ist kurz vom Vaterunser oder Gebet gesagt, wie ich selbs zu beten pflege; denn ich noch heutiges Tages an dem Paternoster sauge wie ein Kind, trinke und esse wie ein alt Mensche, kann sein nicht satt werden, und ist mir auch über den Psalter [den ich doch sehr liebhabe] das allerbeste Gebete. Fürwahr, es findet sich, daß es der rechte Meister gestellet und gelehret hat, und ist Jammer über Jammer, daß solch Gebet solchs Meisters soll also ohn' alle Andacht zerplappert und zerklappert werden in aller Welt. Viel' beten des Jahrs vielleicht etlich tausend Paternoster, und wenn sie tausend Jahr also sollten beten, so hätten sie doch nicht einen Buchstaben oder Tüttel davon geschmeckt noch gebetet. Summa, das Paternoster ist der größeste Märtyrer [so wohl als der Name und Wort Gottes] auf Erden. Denn jedermann plagt's und mißbraucht's, wenig' trösten's und machen's fröhlich im rechten Brauch.

Wenn ich aber Zeit und Raum habe vor dem Paternoster, so tu ich mit den Zehen Geboten auch also und hole ein Stück nach dem andern, damit ich ja ganz ledig werde [soviel es möglich ist] zum Gebet, und mache aus einem jeglichen Gebot ein geviertes oder ein vierfaches gedrehetes Kränzlein, als: Ich nehme ein jeglich Gebot an zum ersten als eine Lehre, wie es denn an ihm selber ist, und denke, was unser Herr Gott darin so ernstlich von mir fordert; zum andern mache ich eine Danksagung draus, zum dritten eine Beicht, zum vierten ein Gebet, nämlich also oder mit dergleichen Gedanken und Worten:

»Ich bin der Herr, dein Gott« etc. »Du sollst kein ander Götter haben neben mir« etc.

Hie denke ich erstlich, daß Gott von mir fordert und lehret herzliche Zuversicht zu ihm in allen Sachen, und ist sein hoher Ernst, daß er wolle mein Gott sein, und dafür solle ich ihn halten bei Verlust der ewigen Seligkeit, und daß mein Herz sonst auf nichts solle bauen noch trauen, es sei Gut, Ehre, Weisheit, Gewalt, Heiligkeit oder einige Kreatur. Zum andern danke ich seiner grundlosen Barmherzigkeit, daß er sich so väterlich zu mir verlornen Menschen heruntersenket und sich selbs ungebeten, ungesucht, unverdienet mir anbeutet, mein Gott zu sein, sich mein anzunehmen und in allen Nöten mein Trost, Schutz, Hilfe und Stärke sein will, so doch sonst wir armen, blinden Menschen so mancherlei Götter gesucht haben und noch suchen müßten, wo er sich nicht selbs so öffentlich hören ließe und uns in unsrer menschlichen Sprache sich anböte, daß er unser Gott sein wölle. Wer kann ihm dafür immer und ewiglich gnug danken? Zum dritten beichte und bekenne ich meine große Sünde und Undankbarkeit, daß ich solche schöne Lehre und hohe Gabe durch mein ganzes Leben so schändlich veracht' und mit unzähligen Abgöttereien seinen Zorn so greulich gereizt habe; das ist mir leid und bitte um Gnade. Zum vierten bitte ich und spreche: Ach mein Gott und Herr, hilf mir durch deine Gnade, daß ich solch dein Gebot möge täglich je besser lernen und verstehen und mit herzlicher Zuversicht darnach tun. Behüte ja mein Herz, daß ich nicht mehr so vergessen und undankbar werde, kein ander Götter noch Trost auf Erden noch in allen Kreaturn suche, sondern allein, rein und fein an dir, meinem einigen Gotte, bleibe. Amen, lieber Herr Gott Vater, Amen.

Darnach [so ich will oder Zeit habe] das ander Gebot auch also ins Gevierte gedrehet also: »Du sollst den Namen des Herrn, deines Gottes, nicht mißbrauchen« etc.

Erstlich lerne ich, daß ich Gottes Namen soll herrlich, heilig und schön halten, nicht dabei schwören, fluchen, lügen, nicht hoffärtig sein noch eigen Ehre oder Namen suchen, sondern demütiglich seinen Namen anrufen, anbeten, preisen und rühmen, und lasse das alle mein Ehre und Ruhm sein, daß er mein Gott ist und ich sein arme Kreatur und unwürdiger Knecht bin. Zum andern danke ich der herrlichen Gaben, daß er mir seinen

Namen offenbart und gegeben hat, daß ich mich seines Namens rühmen kann und nennen lasse Gottes Diener, Kreatur etc., daß sein Name meine Zuflucht ist wie eine feste Burg [als Salomo sagt], zu welcher fleucht der Gerechte und wird beschirmet. Zum dritten beicht und bekenne ich meine schändliche, schwere Sünde, wider dies Gebot mein Lebtage getan, da ich seinen heiligen Namen nicht allein unangerufen, ungerühmet und ungeehret gelassen habe, sondern auch undankbar für solche Gabe gewest bin und derselben zu allerlei Schanden und Sünden mißbraucht habe mit Schwören, Lügen, Trügen etc. Das mir leid ist und bitte Gnade und Vergebung etc. Zum vierten bitte ich um Hilfe und Stärke, daß ich hinfort solch Gebot wohl lernen möge, und behüte mich vor solcher schändlicher Undankbarkeit, Mißbrauch und Sünden wider seinen Namen, sondern daß ich dankbar erfunden werde und in rechter Furcht und Ehre seines Namens.

Und wie ich droben gesagt habe im Vaterunser also, vermahne ich abermal: Ob der Heilige Geist unter solchen Gedanken käme und anfinge in dein Herz zu predigen mit reichen, erleuchten Gedanken, so tu ihm die Ehre, lasse diese gefassete Gedanken fahren, sei stille und höre dem zu, der's besser kann denn du; und was er predigt, das merk und schreibe es an, so wirst du Wunder erfahren [wie David sagt] im Gesetze Gottes.

Das dritte Gebot:

»Gedenk, daß du den Feiertag heiligest.« Hierin lerne ich erstlich, daß der Feiertag ein Gesetz ist, nicht zum Müßiggang noch zu fleischlicher Wollust, sondern daß er von uns solle geheiliget werden. Durch unser Werk' aber und Tun wird er nicht geheiliget, denn unser Werk' sind nicht heilig, sondern durchs Wort Gottes, welchs allein ganz rein und heilig ist und alles heiliget, was damit umgehet, es sei Zeit, Stätte, Person, Werk, Ruhe etc.

Denn durchs Wort werden unser Werk' auch heilig, wie S. Paulus 1. Tim. 4 sagt, daß auch alle Kreatur geheiliget wird durchs Wort und Gebet. Darum erkenne ich hierin, daß ich am Feiertage solle zuvorderst Gottes Wort hören und bedenken, darnach im selben Wort danken, Gott loben für alle seine Wohltat und beten für mich und alle Welt. Wer sich also hält am Feiertage, der heiliget den Feiertag; wer's nicht tut, der tut ärger denn die, so dran arbeiten.

Zum andern dank ich in diesem Gebot für die große, schöne Wohltat und Gnade Gottes, daß er uns sein Wort und Predigt gegeben hat und auf den Feiertag sonderlich zu üben befohlen, welchen Schatz kein menschlich Herz gnugsam bedenken kann; denn sein Wort ist das einige Licht in der Finsternis dieses Lebens und ein Wort des Lebens, Trosts und aller Seligkeit. Und wo das liebe, heilsame Wort nicht ist, da ist eitel schreckliche, greuliche Finsternis, Irrtum, Rotten, Tod, alles Unglück und des Teufels eigen Tyrannei, wie wir täglich vor Augen sehen.

Zum dritten beichte und bekenne ich meine große Sünde und schändliche Undankbarkeit, daß ich die Feiertage so lästerlich habe mein Lebtage zubracht und sein teuer wertes Wort so jämmerlich veracht', so faul, unlüstig und überdrüssig dasselb zu hören gewest, schweige, daß ich's herzlich begehrt oder jemals dafür gedankt hätte; habe also meinen lieben Gott umsonst mir predigen und den edlen Schatz fahren lassen und mit Füßen drübergangen, welchs er mit eitel göttlicher Güte von mir geduldet und darum nicht abgelassen, immerfort mir zu predigen und zu rufen zu meiner Seelen Seligkeit, mit aller väterlicher, göttlicher Liebe und Treue. Das ist mir leid und bitte um Gnade und Vergebung.

Zum vierten bete ich für mich und alle Welt, daß der liebe Vater wollte uns bei seinem heiligen Wort erhalten und dasselbe nicht von uns nehmen um unsrer

Sünde, Undankbarkeit und Faulheit willen, wollt uns behüten vor Rottengeistern und falschen Lehrern, sondern sende uns treue und rechte Arbeiter in seine Ernte, das ist treue und fromme Pfarrer und Prediger, gebe uns allen auch Gnade, daß wir derselben Wort als sein selbs Wort demütiglich hören, annehmen und ehren, dazu auch von Herzen dafür danken und loben etc.

Das vierte Gebot:

»Du sollst deinen Vater und deine Mutter ehren.« Erstlich lerne ich hie Gott meinen Schöpfer erkennen, wie wunderbarlich er mich mit Leib und Seele geschaffen, aus meinen Eltern das Leben gegeben, und hat ihnen das Herz gegeben, daß sie mir als ihrs Leibes Frucht mit allen Kräften gedienet, zur Welt bracht, mich ernähret, mein gewartet, gepflegt und erzogen mit großem Fleiß, Sorge, Gfahr, Mühe und Arbeit, und bis diese Stunde mich, sein Geschöpfe, an Leib und Seele vor unzähliger Gfahr und Not behüt' und auch oft ausgeholfen hat, als schaffet er mich alle Stunde aufs neue. Denn der Teufel uns nicht ein' Augenblick das Leben gönnet.

Zum andern danke ich dem reichen, gütigen Schöpfer für mich und alle Welt, daß er in diesem Gebot gestift' und bewahret hat Vermehrung und Erhaltung des menschlichen Geschlechts, das ist Haus- und Stadtwesen oder Oeconomiam und Politiam. Denn ohn' diese zwei Wesen oder Regiment könnte die Welt nicht ein Jahr stehen, weil ohn' weltlich Regiment kein Friede ist; wo kein Friede ist, kann kein Hauswesen sein; wo kein Hauswesen ist, da können weder Kinder gezeuget noch erzogen werden und müßte Vater- und Mutterstand ganz aufhören. Aber dafür stehet dies Gebot und hält und bewahrt beide, Hauswesen und Stadtwesen, gebeut den Kindern und Untertanen Gehorsam, hält auch drüber, daß es muß geschehen, oder, wo es nicht geschicht, läßt er's nicht ungestraft. Sonst hätten die Kinder durch Ungehorsam längest alles Hauswesen und die Untertanen durch Aufruhr das Stadtwesen zerrissen und wüst gemacht, weil ihr' viel mehr ist denn der Eltern und Regenten. Darum ist solche Wohltat auch unaussprechlich.

Zum dritten beicht und bekenne ich meinen leidigen Ungehorsam und Sünde, daß ich wider dies Gebot meines Gottes meine Eltern nicht geehret noch gehorsam gewest bin, sie oft erzürnet und beleidigt, ihr' väterliche Strafe mit Ungeduld angenommen, wider sie gemurret, ihre treue Vermahnung veracht', vielmehr loser Gesellschaft und bösen Buben gefolget, so doch Gott selbs solchen ungehorsamen Kindern flucht und langes Leben abspricht, wie denn gar viel darüber auch schändlich umkommen und untergehen, ehe sie zu Leuten werden; denn wer Vater und Mutter nicht gehorcht, muß dem Henker gehorchen oder sonst durch Gottes Zorn böslich um sein Leben kommen etc. Solchs alles ist mir leid und bitte um Gnade und Vergebung.

Zum vierten bete ich für mich und alle Welt, daß Gott uns wollt seine Gnade verleihen und seinen Segen reichlich ausschütten, beide, über Hauswesen und Stadtwesen, daß wir hinfort fromm werden, die Eltern ehrlich halten, den Herrschaften gehorsam sein, dem Teufel widerstehen und seinem Reizen nicht folgen zu Ungehorsam und Unfriede, und also mit der Tat helfen das Haus und Land bessern und den Frieden erhalten, Gott zu Lob und Ehren, uns selbs zu Nutz und allem Guten, und daß wir solche seine Gaben erkennen und dafür danken. Hie soll mit untergehen auch das Gebet für die Eltern und Oberherrn, daß ihnen Gott Verstand und Weisheit verleihe, friedlich und seliglich uns vorzustehen und zu regiern. Er behüte sie vor Tyrannei, Toben und Wüten und wende sie davon, daß sie Gotts Wort ehren, nicht verfolgen noch jemand Unrecht tun; denn solche hohen Gaben muß man mit Beten erlangen, wie Sanct Paulus lehret, sonst ist der Teufel der oberst Abt zu Hofe und gehet übel und wüst zu.

Und wenn du auch Vater und Mutter bist, so ist's hie Zeit, daß du dein selbs nicht vergessest noch deiner Kinder und Gesinde, sondern bittest mit Ernst, daß der liebe Vater, so dich in seines Namens und Amts Ehre gesetzt und dich auch will Vater genennet und geehret haben, dir Gnade und Segen verleihe, dein Weib, Kind und Gesinde göttlich und christlich zu regieren und ernähren, gebe dir Weisheit und Kraft, sie wohl zu erziehen, und ihnen ein gut Herz und Willen, deiner Lehre zu folgen und gehorsam zu sein. Denn Gottes Gaben sind beide, Kinder und ihr Gedeihen, beide, Wohlgeraten und Gutbleiben, sonst wird ein Haus nicht anders denn ein Säustall, ja eine Bubenschule, wie man siehet bei den gottlosen, groben Leuten.

Das fünfte Gebot:

»Du sollst nicht töten.« Hie lerne ich erstlich, daß Gott von mir will haben, ich solle meinen Nächsten lieben, also daß ich ihm kein Leid soll tun an seinem Leibe, weder mit Worten noch mit Werken, nicht durch Zorn, Ungeduld, Neid, Haß oder einige Bosheit mich an ihm rächen oder Schaden tun, sondern soll wissen, daß ich schuldig bin, ihm zu helfen und raten in allen seinen Leibsnöten. Denn er hat mir mit diesem Gebot meines Nächsten Leib zu bewahren befohlen und wiederum meinem Nächsten befohlen, meinen Leib zu bewahren, und wie Sirach spricht: Er hat unser jeglichem seinen Nächsten befohlen.

Zum andern danke ich hie solcher unaussprechlichen Liebe, Sorge und Treu gegen mich, daß er eine solche große, starke Hut und Mauer um meinen Leib her gestellet hat, daß alle Menschen sollen schuldig sein, mein zu schonen und mich zu behüten, und wiederum ich auch gegen alle Menschen; hält auch drüber, und wo es nicht geschicht, hat er das Schwert befohlen zur Strafe derjenigen, die es nicht tun. Sonst wo solch sein Gebot und Stift nicht wäre, sollte der Teufel ein solch Morden unter uns Menschen anrichten, daß keiner nicht eine Stunde sicher leben könnt, wie es denn geschicht, wenn Gott erzürnet und die ungehorsame und undankbare Welt straft.

Zum dritten beicht und klage ich hie über meine und der Welt Bosheit, daß wir nicht allein so greulich undankbar sind für solche seine väterliche Liebe und Sorge für uns, sondern, das doch ja zumal schändlich ist, daß wir solche Gebot und Lehre nicht kennen, auch nicht lernen wöllen, sondern verachten, als ging es uns nicht an oder als hätten wir nichts davon, gehen dazu sicher dahin, machen uns kein Gewissen, daß wir unsern Nächsten wider dies Gebot so verachten, verlassen, ja verfolgen und verletzen oder auch im Herzen wohl töten, folgen unserm Zorn, Grimm und aller Bosheit, als täten wir recht und wohl dran. Fürwahr, hie ist's Klagens und Schreiens Zeit über uns böse Buben und blinde, wilde, ungütige Leute, die wir wie die grimmigen Tier unternander uns treten, stoßen, kratzen, reißen, beißen und fressen, und fürchten solch ernst Gebot Gottes nichts etc.

Zum vierten bitte ich, es wollt der liebe Vater uns solch sein heilig Gebot lernen erkennen und helfen, daß wir uns auch darnach halten und leben, behüte uns alle unternander vor dem Mörder, der alles Mordens und Schadens Meister ist, und gebe seine reiche Gnade, daß die Leute [und wir mit ihnen] gegenander freundlich, sanft, gütig werden, einander herzlich vergeben und einer des andern Fehl und Gebrechen christlich und brüderlich trage und also in rechtem Frieden und Einigkeit leben, wie dies Gebot uns lehret und fordert.

Das sechste Gebot:

»Du sollst nicht ehebrechen.« Hie lerne ich abermal, was Gott gedenkt über mich und was er von mir haben will, nämlich daß ich soll keusch und züchtig und mäßig leben, beide, mit Gedanken, Worten und Werken, und einem jeglichen sein Weib, Tochter, Magd ungeschändet soll lassen, sondern helfen retten, schützen und alles tun, was zu Erhaltung ihrer Ehren und Zucht dienet, auch helfen die unnützen Mäuler stopfen, so ihn' ihre Ehre abschneiden oder stehlen. Denn solchs alles bin ich schuldig, und Gott will's von mir haben, daß ich nicht allein soll meines Nächsten Weib und die Seinen ungeschändet lassen, sondern auch schuldig sein, daß ich seine Zucht und Ehre helfe erhalten und bewahren, wie ich wollt, daß mein Nächster gegen mich solchs tun müßte und dies Gebot an mir und den Meinen üben.

Zum andern danke ich dem treuen, lieben Vater für solche seine Gnade und Wohltat, daß er mit diesem Gebot in seinen Schutz und Schirm nimmt meinen Mann, Sohn, Knecht, Weib, Tochter, Magd und verbeut so ernstlich und hart, daß man sie nicht zuschanden soll machen. Denn er gibt mir sicher Geleit, hält auch drüber und läßt's nicht ungestraft, sollt er's auch selber tun, wo jemand solch Gebot und Geleit übertritt und bricht. Es entläuft ihm keiner, er muß es entweder hie bezahlen oder solche Lust zuletzt im höllischen Feuer büßen. Denn er will Keuschheit haben und Ehebruch nicht leiden, wie wir's denn täglich sehen in allen unbußfertigen, ruchlosen Leuten, daß sie endlich Gottes Zorn ergreift und schändlich hinrichtet. Sonst wäre es nicht möglich, vor dem unsaubern Teufel, eine Stunde sein Weib, Kind, Gesind bei Zucht und Ehren zu erhalten, es würden eitel Hundehochzeit und viehisch Wesen draus, wie es gehet, wo

Gott im Zorn seine Hand abtut und läßt's über und über gehen.

Zum dritten beicht und bekenne ich meine Sünde [und aller Welt], wie ich wider dies Gebot gesündigt habe, es sei mit Gedanken, Worten und Werken, mein Lebtage, und nicht allein undankbar gewest für solche schöne Lehre und Gabe, sondern auch wohl wider Gott gemurret habe, daß er solche Zucht und Keuschheit geboten und nicht allerlei Unzucht und Büberei frei und ungestraft gelassen hat, den Ehestand veracht', verspottet, verdammt gehalten etc., wie denn dieses Gebots Sünden vor allen andern die grobesten und allererkenntlichsten sind, keinen Deckel noch Schmücklein haben. Das ist mir leid etc.

Zum vierten bitte ich für mich und alle Welt, daß uns Gott wölle geben Gnade, solch sein Gebot mit Lust und Liebe zu halten, daß nicht allein wir keusch leben, sondern auch andern dazu helfen und raten.

Also fahre ich fort mit den andern Geboten, so ich Zeit und Weil habe oder mich gelüst'. Denn, wie ich gesagt habe, will ich niemand gebunden an diese meine Wort oder Gedanken, sondern mein Exempel dargestellet haben, dem da folgen mag, wer da will, oder bessern, wer's kann, und auf einmal vor sich nehmen alle Gebot oder soviel ihn gelüstet. Denn die Seele, wenn sie auf ein Ding gehret, es sei böse oder gut, und ihr Ernst ist, so kann sie in einem Augenblick mehr denken denn die Zunge in zehen Stunden reden und die Feder in zehen Tagen schreiben, so ein behende, subtil und mächtig Ding ist's um die Seele oder Geist. Darum hat sie die Zehen Gebot durch alle vier Stück gar bald ausgericht', wenn sie es tun will und Ernst ist.

Das siebent Gebot:

»Du sollst nicht stehlen.« Erstlich lerne ich hie, ich solle meines Nächsten Güter nicht nehmen noch haben wider seinen Willen, weder heimlich noch offenbar, nicht untreu noch falsch sein mit Handeln, Dienen, Arbeiten, damit ich das Meine nicht diebisch gewinne, sondern solle mich im Schweiß meiner Nasen nähren und mein eigen Brot essen mit allen Treuen, item, daß ich helfen soll, daß meinem Nächsten [gleich wie mir selbs] das Seine durch obgenannte Stück nicht genommen werde. Ich lerne auch, daß Gott durch solch Gebot mir mein Gut befriedet und verheget aus väterlicher Sorge und großem Ernst, weil er verbeut, man solle mir nichts stehlen; und wo man's nicht tut, so hat er die Strafe drauf gelegt, den Galgen und Strick Meister Hansen befohlen, oder, wo der nicht kann, so straft er's doch selbs, daß sie müssen zuletzt Bettler werden, wie man spricht: Wer jung gern stiehlet, der gehet im Alter betteln. Item: Unrecht Gut gedeihet nicht, und: Übel gewonnen, böslich zerronnen.

Zum andern danke ich seiner Treue und Güte, daß

er mir und aller Welt so gute Lehre und damit auch Schutz und Schirm gegeben hat; denn wo er nicht schützet', bliebe keinem kein Heller noch Bissen Brots im Hause.

Zum dritten beichte ich alle meine Sünde und Undankbarkeit, wo ich jemand Unrecht und zu kurz oder Untreu getan habe mein Leben lang etc.

Zum vierten bitte ich, er wollt Gnade verleihen, daß ich und alle Welt solch sein Gebot doch lernen und bedenken mögen und auch davon bessern, daß doch des Stehlens, Raubens, Schindens, Untreuens, Unrechts weniger werde und in Kürze durch den Jüngsten Tag, da alle aller Heiligen und Kreaturn Gebet hindringet, Röm. 8, gar ein Ende werde. Amen.

Das acht Gebot:

»Du sollst nicht falsch Zeugnis« etc. Das lehret erstlich uns wahrhaftig unternander sein und allerlei Lügen und Verleumden meiden, gern das Beste von andern reden und hören. Und ist damit unserm Gerücht und Unschuld eine Mauer und Schutz gestift' wider böse Mäuler und falsche Zungen, welche auch Gott nicht ungestraft läßt, wie von andern Geboten gesagt.

Das sollen wir ihm danken, beide, für die Lehre und Schutz, die er uns so gnädiglich hiemit gibt.

Und zum dritten beichten und Gnade begehren, daß wir unser Lebtag so undankbar und sündlich zubracht haben mit Lügen, falschen, bösen Mäulern wider unsern Nächsten, dem wir doch schuldig sind Rettung aller seiner Ehre und Unschuld, wie wir's selbs gern hätten.

Zum vierten bitten wir um Hilf, solch Gebot hinfort zu halten, und um eine heilsame Zunge etc.

Das neunt und zehent Gebot:

»Du sollst nicht begehrn deines Nächsten Haus, item seines Weibs« etc.

Das lehret uns erstlich, wie wir mit keinem Schein des Rechten unsers Nächsten Güter und was sein ist, ihm abspannen, abwenden, abdringen sollen, sondern helfen, daß er's behalten möge, wie wir's selbs gern wollten uns geschehen. Und ist auch ein Schutz wider die spitzen Fündlein und Ränke der Weltweisen, die doch auch ihre Strafe zuletzt kriegt. Zum andern sollen wir dafür danken, zum dritten unser Sünde beichten mit Reu und Leide, zum vierten bitten um Hilf und Stärk, fromm zu werden und solch Gottesgebot zu halten.

Das sind die Zehen Gebot vierfältig gehandelt, nämlich als ein Lehrebüchlein, als ein Sangbüchlein, als ein Beichtbüchlein, als ein Betbüchlein. Hieraus sollt ja ein Herz zu sich selbs kommen und warm werden zum Gebet. Aber siehe zu, daß du es nicht alles oder zuviel vor dich nehmest, damit der Geist nicht müde werde. Item ein gut Gebet soll nicht lang sein, auch nicht lange aufgezogen werden, sondern oft und hitzig sein. Ist gnug, wenn du ein Stück oder ein halbes kannst kriegen, daran du in deinem Herzen ein Feuerlein kannst aufschlagen. Nu, das wird und muß der Geist geben und weiter lehren im Herzen, wenn es also mit Gottes Wort gereimet und geledigt ist von fremden Geschäften und Gedanken.

Vom Glauben oder Heiliger Schrift ist hie nicht zu sagen, denn das wäre ein unendlich Ding. Wer geübt ist, kann hie wohl einen Tag die Zehen Gebot, den andern einen Psalm oder ein Kapitel aus der Schrift zu solchem Feuerzeug nehmen und in seinem Herzen damit Feuer aufschlagen.

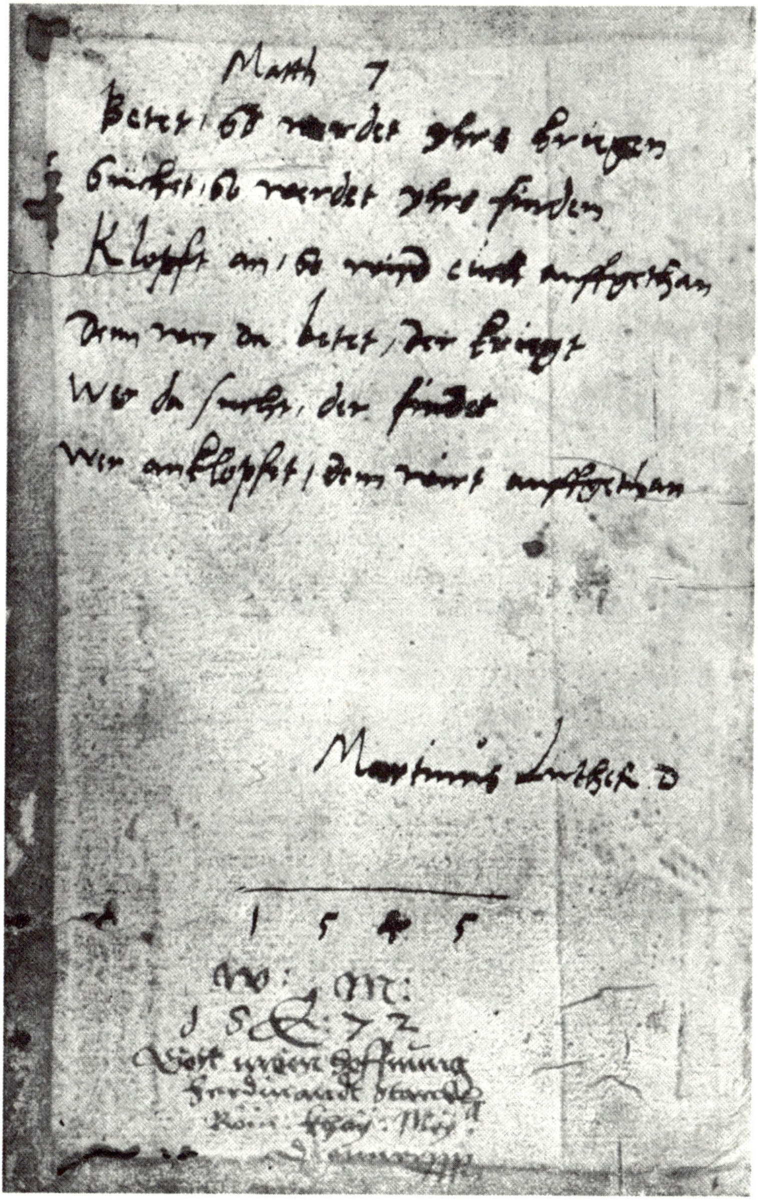

Matth 7

Betet, so werdet yhrs kriegen
Suchet, so werdet yhrs finden
Klopfft an, so wird euch auffgethan
Denn wer da betet, der kriegt
Wer da sucht, der findet
Wer anklopfft, dem wirt auffgethan

Martinus Luther D

1545

W: M:
1572

Erläuterungen

Bei der Bearbeitung des Originaltextes [Weimarer Luther-Ausgabe Band 38, Seite 358–373] für diese Ausgabe waren zwei Gesichtspunkte maßgebend:

1. Luther sollte zu dem Leser in seiner eigenen Sprache, nicht in »modernem Deutsch« reden. Luthers Sprache ist der heutigen Sprache gar nicht so fern, wie oft angenommen wird; man darf freilich als »heutige Sprache« nicht in erster Linie das in Betracht ziehen, was heute geschrieben und gedruckt wird, sondern die Art und Weise, wie der unverbildete Mensch spricht. Gegen die viel beklagte Verflachung und Verwilderung insbesondere unserer Schriftsprache dürfte es wohl auch kaum ein besseres Mittel geben als dies, daß wir bei Martin Luther, dem Vater der deutschen Schriftsprache, recht fleißig in die Schule gehen. Den vollen Genuß seiner kernigen Sprache wird freilich nur der haben, der den Text nicht nur liest, sondern auch hört, indem er ihn sich selbst laut vorliest.

2. Alles, was dem in sprachgeschichtlichen Dingen unbewanderten Leser unnötige Schwierigkeiten machen würde, sollte nach Möglichkeit ausgetilgt werden.

Es versteht sich von selbst, daß es bei der Befolgung dieser beiden Grundsätze je und dann nicht ohne Kompromiß abging. Nicht selten mußten Einzelfragen nach freiem Ermessen entschieden werden, und ein anderer hätte vielleicht in manchen Fällen anders entschieden. Immerhin glauben wir einen Text zu bieten, der wissenschaftlich vertretbar und zugleich gemeinverständlich ist.

Weitgehend den heute gültigen Regeln angeglichen wurde die Rechtschreibung. Dagegen wurden alte Wörter und Wortformen nur dort ersetzt bzw. geändert, wo sie für den heutigen Leser das Verständnis erheblich erschwert oder gar ihm ein Mißverständnis nahegelegt hätten. Dabei wurde Sorge getragen, daß nach Möglichkeit der Sprachrhythmus durch solche Eingriffe nicht verändert wurde. Zur Verdeutlichung seien einige Beispiele genannt: Luthers »selbs« [für »selbst«] wurde, da ohne weiteres verständlich, beibehalten; dagegen wurde »fur« je nachdem durch »für« oder »vor« ersetzt. An Stelle von »zu schlagen«, das für den heutigen Leser mißverständlich wäre, steht in unserer Ausgabe »zerschlagen« usw. Da und dort wurde als Lesehilfe ein Auslassungszeichen eingefügt [»veracht'« = verachtet].

Zu einzelnen Stellen sei folgendes angemerkt:

SEITE 5

Z. 3 Balbierer: Barbier. Auf den Beruf des Mannes, für den Luther dieses Büchlein zunächst geschrieben hat, wird Seite 23 oben angespielt. Ein Zeitgenosse bezeichnet Meister Peter als chirurgus: in früheren Zeiten war der Friseur zugleich Wundarzt.

Z. 9 unlüstig zu beten: ohne Gelüste, ohne inneres Verlangen nach dem Beten.

Z. 11 Psälterlein: Verkleinerungsform von Psalter [das Buch der Psalmen].

Z. 14 den Glauben: das Glaubensbekenntnis.

SEITE 6

Z. 8 fertigen: fertig machen, erledigen.

Z. 9 denn: dann.

Z. 10 des Tages: an diesem Tage.

Z. 11 vorfallen: vorkommen.

SEITE 7

Z. 1 übernehmen: mehr nehmen, als einem zusteht; übervorteilen.

Z. 2 veruntreuen: untreu an jemand handeln.

Z. 14 endlich: am Ende, zuletzt.

Z. 15 Hümpler: einer, der nicht richtig gehen, sondern nur humpeln kann; übertragen: Stümper.

Z. 16 Lucae am elften: Lukas 11, 8; vgl. Lukas 18, 1.

SEITE 8

Z. 2 Psalm 1: Psalm 1,2.

Z. 4 daß wir nicht uns vom rechten Gebet gewöhnen: daß wir uns nicht vom rechten Gebet weggewöhnen, uns an unrechtes Beten gewöhnen.

Z. 6 nötige Werk: Werke, die zur Erlangung der Seligkeit nötig sind.

Z. 7 laß: lässig, nachlässig.

SEITE 11

Z. 6 mit allen deinen heiligen Christen auf Erden: Hier wird nicht unterschieden zwischen besonders heiligen und weniger heiligen bzw. unheiligen Christen; vielmehr sind alle Christen heilig, nicht auf Grund ihres Strebens nach Heiligung, sondern weil Gott sie geheiligt hat, indem er sie zum Glauben berufen und zu seinen Kindern gemacht hat. Im Neuen Testament werden die Christen durchweg als Heilige angeredet, vgl. z. B. 1. Korinther 1, 2.

Z. 16 Rottengeister: Sektierer.

SEITE 12

Z. 15 Die ander Bitte: Die zweite Bitte.

SEITE 13

Z. 8 wöllen sie auf Erden nicht leiden: wollen nicht dulden, daß sie auf der Erde sind.

SEITE 14

Z. 17 prüfen: durch Prüfung als echt erkennen, erproben.

SEITE 15

Z. 5 Psalm 7: Psalm 7, 16f.

SEITE 16

Z. 15 vor dir ist kein lebendig Mensch gerecht: wörtlich aus Psalm 143, 2.

SEITE 17

Z. 3 Psalm 19: Psalm 19, 13.

Z. 9 daß sie dich an uns erzürnen: daß sie dich durch ihr Verhalten gegen uns erzürnen.

Z. 17 wacker: wach, aufgeweckt, munter.

SEITE 18

Z. 2 sicher: selbstsicher, in falscher Sicherheit.

Z. 5 Rotten: Zusammenrottungen; gemeint ist die Zerreißung des Leibes Christi in Sondergruppen [Sekten].

Z. 11 von dem Bösen: so wörtlich nach dem griechischen Urtext von Matthäus 6, 13; doch scheint Luther an das Böse und nicht an den Bösen [= Teufel] zu denken [nach dem Urtext ist beides möglich].

Z. 13 Fährlichkeit: Gefahr.

Z. 15 wie Sanct Paulus sagt: Epheser 5, 16.

SEITE 19

Z. 3 Abschied: Abscheiden, Weggang.

SEITE 20

Z. 1 ledig Gewäsch: loses Geschwätz.

Z. 8 mit viel andern Worten: mit ganz andern Worten.

Z. 11 sonst: anders.

Z. 12 lüstig: siehe Anmerkung zu Seite 5 Z. 9.

SEITE 21

Z. 5 Dichten: Denken, Nachsinnen; vgl. »Dichten und Trachten« 1. Mose 6, 5.

Z. 8 ledig: frei.

Wie auch der Prediger sagt: Prediger 4, 17; vgl. Sirach 18, 23.

Z. 13 Die lateinischen Stücke in dieser und den folgenden Zeilen sind der Anfang des 70. Psalms und der Lobpreis, mit dem nach alter kirchlicher Sitte jedes Psalmgebet geschlossen wird: »Ehre sei dem Vater und dem Sohne und dem Heiligen Geiste...«

Z. 16 daß dich der Ritt schütte: daß dich das Fieber schüttle [zu Luthers Zeiten verbreiteter Fluch].

SEITE 22

Z. 4 horas canonicas: von der Ordensregel vorgeschriebene Gebetsstunden der Mönche.

Z. 5 Gezeit: die hora canonica, siehe vorige Anmerkung.

Z. 6 im Mittel: in der Mitte.

Z. 10 werfen das Hundert ins Tausend: werfen alles durcheinander. Das Bild ist genommen vom Einordnen der Rechenpfennige auf dem Rechenbrett, bei dem darauf zu achten war, daß keine Münze mit Wert 100 zu denen mit Wert 1000 geworfen wurde und umgekehrt.

Z. 12 herdurchkommen: durchgekommen, vorbeigekommen. Laudate: [lateinisch] Lobet [erstes Wort verschiedener Psalmen].

Z. 16 unternandertreibt: untereinandermengt, durcheinanderlaufen läßt.

SEITE 23

Z. 14 einig: ungeteilt.

Z. 18 Paternoster: Vaterunser [nach dem Anfang des Gebets im Lateinischen].

SEITE 24

Z. 2 über den Psalter: über den Psalter hinaus, noch mehr als der Psalter, noch vor dem Psalter.

Z. 4 gestellet: zusammengestellt, aufgesetzt, verfaßt.

Z. 10 Tüttel: vgl. Matthäus 5, 18.

Z. 11 so wohl als: ebenso wie.

Z. 14 Brauch: Gebrauch.

Z. 15 vor dem Paternoster: außer dem Vaterunser.

SEITE 25

Z. 17 einige Kreatur: irgendeine Kreatur.

SEITE 26

Z. 3 anbeutet: anbietet.

SEITE 27

Z. 5 meinem einigen Gotte: meinem alleinigen, einzigen Gott.

Z. 7 das ander Gebot: vgl. Anmerkung zu Seite 12 Z. 15.

Z. 17 danke ich der herrlichen Gaben: danke ich für die herrliche Gabe.

SEITE 28

Z. 4 als [= wie] Salomo sagt: Sprüche 18, 10.

Z. 17 in rechter Furcht und Ehre seines Namens: als einer, der Gottes Namen recht fürchtet und ehrt.

SEITE 29

Z. 8 wie David sagt: Psalm 119, 18.

SEITE 30

Z. 2 wie S. Paulus 1. Tim. 4 sagt: 1. Timotheus 4, 5.

Z. 15 das einige Licht: das einzige Licht.

SEITE 31

Z. 7 schweige: ganz zu schweigen davon.

SEITE 32

Z. 3 sende uns treue und rechte Arbeiter in seine Ernte: vgl Matthäus 9, 38.

SEITE 33

Z. 2 ausgeholfen: herausgeholfen.

Z. 9 Oeconomiam und Politiam: die Ordnungen der Familie und des Staates.

Z. 17 hält auch drüber: wacht über der Einhaltung.

SEITE 34

Z. 12 loser Gesellschaft: dieses »lose« steckt in unserem Wort »Lausbube«, vgl. I. Samuel 2, 12, wo es im ursprünglichen Text der Luther-Bibel »lose Buben« heißt.

Z. 13 bösen Buben gefolget: vgl. Sprüche I, 10.

Z. 16 ehe sie zu Leuten werden: ehe sie erwachsen werden.

SEITE 35

Z. 6 ehrlich halten: in Ehren halten.

Z. 13 Hie soll mit untergehen: Hier soll mit untergebracht, mit einbezogen werden.

SEITE 36

Z. 2 wie Sanct Paulus lehret: I. Timotheus 2, I f.

Z. 16 Bubenschule: Sammelplatz für Gauner.

SEITE 37

Z. 6 einige Bosheit: irgendeine Bosheit.

Z. 12 wie Sirach spricht: Sirach 29, II? Es ist nicht ganz klar, welche Stelle Luther meint.

Z. 16 Hut: [Hauptwort von hüten, behüten] Schutz.

SEITE 38

Z. 5 Stift: Stiftung.

Z. 15 lernen: hier [wie mundartlich auch heute noch] = lehren.

Z. 16 sicher: siehe Anmerkung zu Seite 18 Z. 2.

SEITE 39

Z. 12 vor dem Mörder, der alles Mordens und Schadens Meister ist: vgl. Johannes 8, 44.

SEITE 41

Z. 3 Schirm: [Hauptwort von schirmen, beschirmen] Obhut.

Z. 4 verbeut: verbietet.

Z. 6 hält auch drüber: siehe Anmerkung zu Seite 33 Z. 17.

Z. 7 sollt er's auch selber tun: sollte Gott auch selber die Strafe vollziehen [nämlich dann, wenn der Arm der irdischen Gerechtigkeit den Täter nicht erreicht].

Z. 13 endlich: siehe Anmerkung zu Seite 7 Z. 14.

Z. 15 vor dem unsaubern Teufel: wegen des Teufels der Unzucht.

SEITE 42

Z. 1 über und über: drunter und drüber.

Z. 13 keinen Deckel noch Schmücklein: keinen Deckmantel und keine Beschönigung; gemeint ist: diese Sünden sind als Sünden am eindeutigsten.

SEITE 43

Z. 7 wenn sie auf ein Ding gehret: wenn sie ihr Begehren auf etwas richtet.

Z. 11 subtil: fein.

Z. 14 und Ernst ist: und wenn es ihr Ernst ist.

SEITE 44

Z. 5 item: [lateinisch] ebenso, desgleichen.

Z. 9 befriedet und verheget: mit einer Einfriedigung [Zaun oder Mauer] und einem Gehege versieht, d.h. schützt und sichert.

Z. 10 verbeut: siehe Anmerkung zu Seite 41 Z. 4.

Z. 12 Meister Hansen: dem Meister Hans. »Meister Hans« ist ein alter Name für den Henker oder Scharfrichter.

Z. 16 Item: siehe Anmerkung zu Seite 44 Z. 5.

Unrecht Gut gedeihet nicht: im Original steht für »gedeihet« »drühet« [von »druhen«, einem heute nicht mehr gebräuchlichen Wort].

SEITE 45

Z. 2 Schirm: siehe Anmerkung zu Seite 41 Z. 3.

Z. 6 wo ich jemand Unrecht und zu kurz oder Untreu getan habe: wo ich jemandem Unrecht getan, ihn verkürzt [benachteiligt] oder treulos an ihm gehandelt habe.

Z. 10 und auch davon bessern: und uns auch davon bessern.

Z. 13 da alle aller Heiligen und Kreaturn Gebet hindringet: auf den alles Gebet aller Heiligen und Kreaturen hinzielt bzw. hindrängt.

Z. 14 Röm. 8: Römer 8, 22 f.

SEITE 46

Z. 2 Gerücht: Leumund.

Z. 3 Unschuld: Unbescholtenheit.

Z. 14 eine heilsame Zunge: eine Zunge, die heilt [und nicht Unheil anrichtet].

Z. 16 item: siehe Anmerkung zu Seite 44 Z. 5.

SEITE 47

Z. 2 des Rechten: des Rechtmäßigen.

Z. 6 der Weltweisen: derer, die in der Welt als Weise gelten und nach Art der Welt weise sind.

Z. 7 kriegt: hier = erreicht.

Z. 17 item: siehe Anmerkung zu Seite 44 Z. 5.
lange aufgezogen: lange hingezogen.

SEITE 48

Z. 2 aufschlagen: anfachen [vom Anmachen des Feuers mit Hilfe eines Feuersteins].

Z. 4 mit Gottes Wort gereimet: mit Gottes Wort in Einklang gebracht.

Z. 5 geledigt: freigemacht, losgelöst.

Z. 7 vom Glauben: siehe Anmerkung zu Seite 5 Z. 14.

ISBN 3-7918-4099-1

Unveränderter reprographischer Nachdruck 1983
Textbearbeitung: Dr. Ulrich Kunz †
Typographie: Reinhold Kolb †
Schrift: Alt-Schwabacher
Satz: Chr. Scheufele Stuttgart
Druck: Quell Verlag Stuttgart 1983
Die Faksimile-Wiedergaben auf Seite 9 (Titelblatt)
und Seite 49 (handschriftliche Eintragung Luthers)
sind der Leipziger Ausgabe von 1538
aus der Württ. Landesbibliothek Stuttgart entnommen.